QUELQUES MOTS

SUR LE

TRAITÉ DE COMMERCE

FRANCO-ALLEMAND

IMPRIMERIE J. CLAYE
RUE SAINT BENOIT 7
LABOR
PARIS

LE
TRAITÉ DE COMMERCE

FRANCO-ALLEMAND

DE

1862-1865

QUELQUES MOTS

SUR SES EFFETS PROBABLES

PAR

UN EXPORTATEUR PARISIEN

PARIS

J. CLAYE, IMPRIMEUR, RUE SAINT-BENOIT, 7

—

M DCCC LXV

1865

QUELQUES MOTS

TRAITÉ DE COMMERCE

FRANCO-ALLEMAND

I.

Les mères, en se consacrant à l'éducation de leurs enfants, se résignent volontiers, jusqu'à l'accomplissement de cette tâche, aux difficultés inséparables de leur mission.

Les sociétés qui obéissent à la loi du progrès n'atteignent jamais leur perfection relative, sans assister à quelques iniquités, sans pratiquer quelques injustices.

Il en est de même dans la sphère industrielle.

Les mouvements désordonnés, auxquels je fais

allusion, ne témoignent pas — comme des esprits chagrins veulent bien le dire — de l'absence de génie ou de la stérilité des débuts; ils prouvent au contraire l'existence, chez les nations qui tendent à se perfectionner, des signes précurseurs et non équivoques d'une vitalité durable.

La liberté naissante de l'industrie, l'égalité de tous devant le labeur, la fraternité des échanges, ont été partout accompagnées de douleurs morales et de perturbations matérielles. Ce sont là les résultats des efforts inhérents à tout enfantement. L'individu en souffre, les intérêts lésés se récrient, les nations se combattent à coups de tarif. Mais la conscience commerciale, quelque peu élastique par caractère, en tire de tout autres enseignements. Elle pare les coups d'une façon plus ou moins avouable.

Il y a plus. Suivant les convenances ou les nécessités, le volé, si grand qu'il puisse être, ne dédaigne pas toujours de se faire voleur à son tour, empruntant ou emportant quelques procédés, quelques innovations, de ceux-là mêmes qui ont l'habitude de lui dérober les siens.

Telle est la situation de l'Allemagne et de la Belgique vis-à-vis de la France et de l'Angleterre.

II.

Heureusement le temps marche, et les idées
s'éclairent au flambeau de la civilisation.

En moins d'un siècle, la loi française de l'affran-
chissement du travail se trouvera gravée comme
droit de l'homme en tête des codes de tous les pays.
Les principes de loyauté internationale, en attendant
qu'ils deviennent cosmopolites, font leur chemin. Et,
une des missions les plus fécondes de la grande révolution, la suppression des barrières entre peuples,
s'accomplira le jour où ils auront atteint leur ma-
jorité industrielle. Ce sera un des événements de
notre époque. Alors on donnera des primes, non plus
à la dénonciation plus ou moins provocatrice de la
contrebande, mais aux hommes qui, par leur intelligence ou leur activité, auront provoqué les échanges
les plus considérables de produits utiles.

Rien ne saurait hâter cette émancipation autant
que des traités comme celui que la France vient de
conclure avec l'Allemagne. Si les Allemands veulent

en tirer tout le profit qui peut et qui doit en découler pour eux, il est bon, sinon nécessaire, que les principaux intéressés s'y préparent à temps en examinant, sans illusion ni crainte, les effets probables de cette mesure de haute politique commerciale.

Loin de moi la prétention de faire ici à l'avance l'exposé de tous les résultats que promet le nouveau traité à la généralité des fabricants allemands. La race germanique a produit de tous les temps de trop profonds penseurs pour qu'on ait à lui porter de l'extérieur des avis et des conseils. Je ne veux anticiper un peu sur l'avenir que pour en détacher une seule des conséquences naturelles du traité, comme élément d'une situation inévitable.

Je ne chercherai l'exemple à citer ni dans les grandes industries de l'Allemagne ni dans les petites. Les premières, parce qu'elles entreront, on le sait, tout armées dans la lice française; les secondes, parce que leur nombre, depuis 1855, s'est tellement accru, qu'à l'heure qu'il est il serait impossible d'y trouver soit de l'esprit de corps, soit des liens professionnels, tant elles sont divisées par l'effet de la concurrence.

Je parlerai donc d'une industrie moyenne, qui se

ressentira l'une des premières des conséquences du
nouvel état de choses, je veux dire LA PARFUMERIE.
Et, comme la situation nouvelle, par des raisons
faciles à deviner, inspire de l'autre côté du Rhin une
inquiétude qui va jusqu'à l'exagération, on me saura
gré peut-être de chercher à dissiper l'une et à pré-
venir l'autre.

1.

III.

Les appréhensions qui se manifestent parmi les fabricants de parfumerie d'outre-Rhin ne sont pas sans fondement.

La protection des marques, supprimant d'emblée toutes les contrefaçons intentionnelles ou non, opérera une révolution dans le commerce allemand des parfumeries. Il lui faudra donc créer des types nouveaux, exclusifs, propres à chacune des fabriques existantes. Soit. Ce ne serait qu'une affaire de temps, car déjà les parfumeurs allemands ont des modèles à eux. Mais le nœud de la question n'est pas là ; il faut le chercher ailleurs, c'est-à-dire dans l'écoulement.

Qu'est-ce qui a fait jusqu'à ce jour la prospérité de la parfumerie allemande ? C'est l'enveloppe étrangère, et — souffrez que je l'ajoute sans amertume ni rancune — l'enveloppe illicite, quelque peu usurpée. Vous vous introduisîtes, Messieurs, sur presque tous les marchés du globe, habillés à la française.

Moi, qui vous parle, je vous ai rencontrés un peu
partout, et partout vous nous avez fait du tort. Malgré
votre déguisement, je vous ai reconnus à New-York
comme à New-Orléans, à Saint-Thomas comme à la
Havane, à Rio comme à Fernambouc, à Batavia
comme à Manille. Jusqu'à présent, vous vous êtes
glissés furtivement à l'ombre de notre bannière; eh
bien, marchez dorénavant la tête haute, sous la protection avouée du drapeau français !

Cela vous semble un paradoxe, n'est-ce pas? Il
n'en est pourtant pas ainsi. Je m'explique.

Réduits à vos propres forces, à vos produits per-
sonnels, tant anciens que nouveaux, que pourriez-
vous offrir, chacun de votre côté, à la consommation
transatlantique? Quelques marques plus ou moins
connues, plus ou moins estimées, je le veux bien;
mais, pendant longtemps encore, un choix tellement
restreint, que vous vous trouveriez comme écrasés
sous l'action nouvelle, et plus énergique que jamais,
des marques françaises.

Mais, du moment où vous ne voulez ou ne pouvez
plus imiter nos produits (la politesse me défend de
dire : falsifier), où forcément vous apparaissez vous-
MÊMES, alors vous pourrez venir à nous sans défiance,

pourvu que vous trouviez moyen de vous entendre au préalable pour vous présenter collectivement et non isolément. Pénétrez-vous bien de cette vérité que l'union seule fait la force ; ouvrez à Paris, non vingt petits dépôts de parfumeries de telles ou telles marques, de telles ou telles villes, mais un seul COMPTOIR DE PARFUMERIES ALLEMANDES, établi avec sagacité et conduit avec dignité. Si peu nombreux que soient aujourd'hui vos articles respectivement exclusifs, tenez pour certain que, dans un avenir prochain, vous recueilleriez d'un Comptoir semblable honneur et profit, en grandissant à vos propres yeux comme aux yeux des nations étrangères [1].

[1] Le projet de former, en vue d'échanges complexes, des faisceaux d'intérêts industriels, n'est pas nouveau. Il a été, une première fois, discuté il y a vingt-deux ans (voir la *Gazette d'Augsbourg* de 1843, n° 81, du 19 mars) et énergiquement soutenu par feu le célèbre économiste Léon Faucher, le même qui proposa, en 1837, la ligue douanière des quatre nations : France, Belgique, Suisse, Espagne. J'ai eu l'honneur d'être le secrétaire des réunions qui eurent lieu en 1843.

Dix ans plus rard, un Allemand, distingué par ses qualités personnelles autant que par sa position sociale, vint en France et appuya la création dans Paris d'une FACTORERIE INTERNATIONALE au profit de l'exportation et de notre commerce maritime. On voulut bien me charger des études préparatoires. Mais nos lois économiques d'alors s'y opposèrent, et mon étude des factoreries fit place à celle de l'OFFICE INDUSTRIEL DE LA FABRIQUE DE PARIS, sorte de Banque pour l'escompte et l'encaissement des factures industrielles et commerciales.

Ce dernier projet, qui est encore à l'étude, tant il est hérissé de difficultés pratiques, a été présenté à l'Empereur par quinze mille adhérents en 1853, époque à laquelle il a été publié par mes soins. Sa phase la plus récente est ma pétition au Sénat en faveur d'une mesure législative qui permette le transfert des factures par voie d'endossement.

Descendants de Guttemberg, inspirez-vous du génie des créations et non de l'esprit des imitations. Et, comme nous sommes, nous autres, naturellement expansifs, passablement communicatifs, voire même un peu bavards, votre calme perspicacité trouvera mille moyens d'utiliser notre contact sans avoir besoin de recourir au plagiat.

Ramenés à leurs types naturels, vos genres de produits se distinguent parfaitement des nôtres par des mérites qui leur sont propres, et qui en permettent fort bien l'écoulement en grand sous l'égide de l'exportation parisienne.

Je viens de vous dire quelques mots sur l'idée mère des Comptoirs internationaux. Laissez-moi maintenant présenter quelques données pratiques par une double série de renseignements qui vous feront mieux juger du résultat de mes observations.

IV.

La France, qui cultive ses plantes aromatiques dans les départements du Var et des Alpes maritimes (Cannes, Grasse, Nice [2]), exploite en quelque sorte deux genres de parfumeries : celle du midi (Marseille, Lyon, Montpellier), et celle du nord (Paris et environs). Le propre de la parfumerie du midi, outre son industrie des savons, est dans ses types ordinaires destinés à l'Orient. Le nord, au contraire, exploite la parfumerie de toilette et de luxe. La concurrence allemande affectant principalement cette dernière catégorie, je ne parlerai que de celle-ci.

Jusqu'en 1849, nos transactions en parfumeries du nord n'ont pas dépassé l'importance annuelle de 10 millions. Si le savoir-faire des 120 fabricants que l'on comptait alors, si l'intelligence disciplinée de leurs 750 ouvriers étaient pour beaucoup dans ce chiffre, les efforts des exportateurs y étaient pour plus encore.

[2] Ces trois centres de culture aromatique fabriquent annuellement de 175 à 200,000 kilogrammes de pommades, huiles et essences.

Mais, dès 1850, les situations changent ; les résultats de l'activité de chacune des deux parties — industriels et négociants — dans la prospérité toujours croissante de nos parfumeries, se déplacent. Néanmoins le mouvement ascendant de cette prospérité a porté la production de nos 240 fabricants d'aujourd'hui et de leurs 1,500 ouvriers à près de 20 millions par an [3].

Il est permis, il n'est peut-être que loyal, de préciser ici le changement des influences privées, quoique collectives, dont je viens de faire mention.

En effet, depuis quinze ans, ni le Ministre du commerce, ni le Ministre de la marine, ni celui des Affaires étrangères, n'ont offert à nos parfumeries

[3] On distingue dans nos parfumeries trois catégories de marques :

Celles qui emploient, comme élément principal de leurs parfums, les fleurs naturelles et les matières de choix ou de prix, comme le musc du Tonkin, l'ambro aromatique, etc. Leurs productions annuelles s'élèvent à 3 millions environ ;

Celles qui, tout en utilisant des matières fines, réservent aux essences un rôle plus ou moins important. Elles produisent annuellement pour 10 millions ;

Celles enfin qui, pour obéir à toutes les exigences, emploient en partie des matières fabriquées et des composés dont la plupart, il est vrai, sont passablement inoffensifs. On estime leurs produits à 7 millions par an.

Voici, dans l'ordre alphabétique, les principales marques parisiennes des trois catégories confondues : Bleuze, Chardin-Hadancourt, Cottan, Coudray, Demarson, Gautier, Gellé, Guerlain, Houbigant, Legrand, Lubin, Mailly, Monpelas, Oger, Pinaud, Piver, Sichel, Violet.

aucune facilité nouvelle, aucun marché ni débouché nouveaux, aucun traité, en un mot aucun nouveau moyen d'écoulement; et la réforme économique napoléonienne, qui nous ouvre une ère nouvelle — soyons juste, même envers les princes — ne date que de 1860 [4].

Si donc le gouvernement n'est pour presque rien, et les exportateurs pour peu dans la progression

[4] Angleterre. 23 janvier 1860 Traité Cowley, Baroche.
   Belgique. 1er mai 1861 Traité Rogier, Thouvenel.
   Allemagne. 2 août 1862 Traité Bernstorff, La Tour d'Auvergne.
   Italie. 17 janvier 1863 Traité Nigra, Drouyn de Lhuys.
   Suisse. 30 juin 1864 Traité Kern, Drouyn de Lhuys.
   Suède. 14 février 1865 Traité Adelsward, Drouyn de Lhuys.

Forcé, par le cadre restreint d'une note, de réduire à deux seulement les noms qui suivent chacune de ces dates, je ne tiens pas moins à rendre justice, comme négociant plus encore que comme écrivain, aux hommes éminents qui ont puissamment aidé à la préparation et à l'accomplissement des dernières réformes économiques.

Ce furent pour l'Angleterre, d'abord l'honorable sir Richard Cobden, un des réformistes les plus convaincus et les plus intègres de notre époque; ensuite sir John Bright, son digne ami et collègue au Parlement.

Pour la France, je citerai M. Rouher, ancien Ministre du commerce; M. Michel Chevalier, Sénateur; M. de Clercq, Ministre plénipotentiaire; trois noms qui représentent dignement le progrès des rapports internationaux.

Le Plénipotentiaire prussien avait pour coopérateurs : M. de Pommer-Esche, Directeur général des contributions; M. Philipsborn, Conseiller ntime de légation ; M. Delbruck, Directeur de l'industrie au Ministère du commerce.

Le collaborateur de l'Envoyé belge a été M. de Liedts, Ministre d'État. Le Représentant de l'Italie enfin avait pour auxiliaire M. le Chevalier Scialoja, Professeur.

considérable de la branche en question, il faut bien
en chercher la cause autre part.

Or, nous la trouvons d'un côté dans les progrès,
chez nos fabricants, des notions commerciales, dans
l'avancement de leur entente mercantile. Ce rapide
mouvement intellectuel dans l'ordre manufacturier,
qui a pris son essor il y a peu d'années, est, à n'en
pas douter, un des résultats les plus pratiques du
rapprochement des distances. Ce progrès-là mérite
d'autant plus d'être signalé que, sous le rapport de
l'éducation commerciale, la masse de nos produc-
teurs est, malgré un remarquable savoir technique,
de beaucoup inférieure aux industriels de certains
pays voisins.

Une deuxième cause de la prospérité de nos
affaires en produits chimiques purs et fabriqués, se
trouve dans les perfectionnements apportés par nos
fabricants à leurs outillages.

Le double emploi de la vapeur, comme moteur et
comme calorique, dans la confection des parfumeries,
date précisément de 1850. Plus tard vinrent d'autres
innovations, telles que *l'enfleurage* sur châssis, le
procédé Millon pour isoler les parfums, les mélange

et broyage à la mécanique, les *saturateurs*, etc. [5].

Voilà pour les progrès de nos artisans, je dirai volontiers nos artistes, en parfumeries solides, molles et liquides.

Voyons maintenant où en sont nos bons voisins les Allemands.

[5] On entend par *enfleurage* la récolte des parfums. Par le nouveau système, on obtient en trente heures un résultat qui exigeait jadis trente jours. — Le *procédé Millon*, qui date de 1857, consiste dans l'extraction des parfums au moyen de dissolvants volatils comme l'éther ou le sulfure de carbone. — On nomme *saturateurs* un appareil pour parfumer les graisses.

V.

La patrie de Marie-Thérèse et celle du grand Frédéric se disputent le berceau, assez moderne d'ailleurs, de la parfumerie allemande. Longtemps, les deux capitales de l'Autriche et de la Prusse, se partagèrent les modestes avantages d'une priorité locale. Mais, depuis l'institution de l'union douanière — ce réveil prussien de l'esprit germanique — la parfumerie d'outre-Rhin a quitté ses langes et a fait son entrée dans le monde.

Eh bien, fermant l'œil sur ses défauts et malgré son passé non exempt de reproches, je viens vous offrir pour elle une union bien assortie. Vous hésitez, je le sais; vous n'avez pas confiance dans le caractère français si léger, si volage, si inconstant. D'accord. Mais vous ne lui refuserez pas un peu de franchise, un peu de générosité, un peu de hardiesse, qualités qui, certes, tourneront à votre profit. Au surplus (entre nous) pourquoi hésiter? Ne savons-nous pas que vous aurez encore d'autres alliances à rechercher dans des circonstances tout aussi critiques, tout aussi embarrassantes pour vous?

Pardon de la digression. Retournons au sérieux. ·

Aujourd'hui Vienne et Munich, Berlin et Hambourg, Dresde et Leipsick, Francfort et Offenbach confectionnent et exportent de la parfumerie [6].

Leurs 36 fabriques qui occupent, eaux de Cologne exceptées, environ 700 travailleurs, produisent annuellement pour près de 7 millions de francs de parfumeries de toilette. Dans ce chiffre, les articles d'imitation figurent pour quatre à cinq millions, dont moitié à l'instar des genres français, moitié aux types anglais [7].

---

[6] Bien que le traité franco-allemand ne s'étende encore ni à l'Autriche ni aux villes anséatiques, je ne comprends pas moins dans les chiffres cités l'importance de leurs produits aromatiques; non-seulement parce qu'il y a lieu d'espérer l'accession de ces États, mais encore et surtout parce que la suppression de la contrefaçon ne saurait être complétement réalisée tant qu'une portion quelconque de l'Allemagne offrira un asile à l'imitation des marques françaises.

[7] En rapprochant l'importance de cette production de celle de la consommation, c'est-à-dire des quantités qu'elle représente, on aperçoit un fait grave pour nos intérêts maritimes.

Tandis que *la bonne moyenne* des parfumeries françaises vaut environ 800 francs par mètre cube encaissé, celle allemande de la catégorie correspondante ne vaut que 250 à 300 francs. D'où la conséquence que les Français, dont les productions annuelles en parfumeries de toilette valent trois fois celles des Allemands, égalent à peine ces derniers — grâce à la contrefaçon — quant à la marchandise transportable. Aussi les parfumeries des deux nations forment-elles actuellement un aliment cubique qu'on peut estimer, consommation continentale comprise, à une cinquantaine de navires par an de part comme d'autre.

Les paragraphes 11 et 12 du 4e acte additionnel au nouveau traité, en prohibant les contrefaçons, suppriment d'un trait de plume toutes vos parfumeries étiquetées à la française. Où trouver alors la compensation d'un déficit aussi considérable, si ce n'est dans un plus grand écoulement de parfumeries réellement allemandes? Or, ces débouchés, la France seule pourra vous les offrir avantageusement.

Ses deux mille commissionnaires en articles de Paris, parmi lesquels plusieurs centaines qui font l'exportation vers toutes les régions du globe [8], ses ports à proximité de vous, ses moyens de transport à bon marché, sa distance relativement insignifiante de tous les centres européens, son climat propice aux natures des deux hémisphères, la facilité enfin de vos relations avec Paris, toutes ces considérations désignent la capitale de l'Empire comme le siége naturel je ne dirai pas d'un entrepôt cosmopolite avec ses bonnes chances et ses grands dangers, mais d'une FACTORERIE INTERNATIONALE avec ses avantages exempts d'inconvénients.

[8] On compte dans Paris, qui a une population de 1,608,000 personnes dont 390,000 ouvriers et ouvrières proprement dits, un chef d'industrie sur 25 habitants, et pour 33 industriels établis, un commissionnaire en marchandises.

On exporte actuellement de la capitale pour plus de deux millions d'articles de Paris par jour.

VI.

Les Factoreries continentales que je propose, subdivisées par origines nationales (aujourd'hui allemandes ; plus tard italiennes, anglaises, russes, etc.) et groupées, chaque division suivant les analogies industrielles des objets présentés, ne seraient ni des dépôts ou magasins de marchandises, ni des collections d'échantillons dans le sens habituel du mot, encore moins un diminutif d'expositions universelles, ces merveilleux foyers d'optique manufacturière.

Les comptoirs divisionnaires des Factoreries offriraient aux traitants les types des marchandises dans leurs unités commerciales ; les parfumeries, par exemple, en volumes de douzaine ou de demi-douzaine, en paquets de kilogramme ou de demi-kilogramme, en un mot selon les us et coutumes du trafic entre négociants. Cette institution d'ailleurs, je ne la propose pas seulement pour une branche ou spécialité prévue par les traités, mais aussi pour les échanges d'autres produits fabriqués à l'étranger et qui s'écouleraient avantageusement en France vers le continent aussi bien que vers les pays d'outre-mer.

Ces Bourses sans jeu et ces transactions sans fièvre seraient accueillies chez nous avec l'urbanité hospitalière propre au caractère français.

Les maroquineries, les tabletteries et les verroteries d'Autriche; la quincaillerie, la mercerie et la passementerie de Prusse; les papiers peints, les jouets et les miroiteries de Bavière; le linge damassé la bonneterie, la bimbeloterie de Saxe; l'orfévrerie et la bijouterie du Wurtemberg; les horloges de Bade; les cuirs et les chaussures de Hesse; les meubles de Hambourg; les toiles cirées de Francfort; vos ingénieuses applications industrielles des arts graphiques, ainsi qu'une foule d'autres produits trouveraient place dans ces bazars germaniques à côté de vos parfumeries légitimes.

Redoutez-vous la complication, plus apparente que réelle, de semblables institutions? Eh bien, confiez-en l'organisation aux représentants naturels de vos intérêts commerciaux, à vos consuls *réorganisés*.

Sollicitez de vos gouvernements l'unification de vos missions consulaires en France par la faculté pour la Diète de Francfort, de désigner parmi elles, sinon en dehors d'elles, soit un Consul central, soit un Régent commercial — peu importerait la déno-

mination — pourvu qu'il répondît, dans toute leur
étendue, aux nombreuses attributions qui lui incom-
beraient.

Qu'on donne à vos consuls, pour corollaire de
leurs fonctions par trop passives dans la plupart des
résidences, la mission de juger, comme amiables
compositeurs, les différends commerciaux que les
parties leur soumettraient d'un commun accord.
Outre que leur ancien repos forcé y trouverait un
élément d'activité digne des noms honorables, par-
fois distingués, qu'ils portent, vos représentants offriraient, par une CHAMBRE CONSULAIRE de la sorte,
sinon une garantie publique de votre loyauté industrielle, du moins une protection morale aux intérêts
des tiers. Cette protection ne peut manquer d'exercer
une influence salutaire sur les transactions à venir.

En puisant l'exemple dans la loi autrichienne [9],
les divers gouvernements allemands autoriseraient
peut-être le Consul central ou le Régent soit à nommer
dans l'étendue territoriale de son action officielle, soit
à proposer à leurs nominations respectives, les titu-
laires des consulats à créer. Le principe et les intérêts de l'unité allemande ne sauraient qu'y gagner.

[9] Instructions du gouvernement I. et R. autrichien. Circulaire mi-
nistérielle, N° 4758 du 23 octobre 1844.

La création d'un Consulat germanique inspire-
rait-elle la crainte d'une centralisation excessive? Je
ne le pense pas. Au contraire, cette institution de-
viendrait une pépinière consulaire d'autant plus pré-
cieuse qu'elle aurait été plantée sur le terrain même
que vos auteurs les plus autorisés reconnaissent depuis longtemps comme un modèle dans l'espèce [10].

Pourquoi faut-il que chacun de vos duchés et
comtés, que chacune de vos principautés ait au
dehors son consul spécial? Les intérêts commerciaux
de tous ces états ne profiteraient-ils pas d'une grande
institution collective, dont leurs consulats spéciaux
formeraient des sections? Comparez seulement le
nombre de ces représentants de l'Allemagne avec
l'importance des transactions qu'ils ont pour mission
de sauvegarder, et jugez si le rouage officiel, tel
qu'il fonctionne aujourd'hui, n'est pas susceptible
d'amélioration?

Nous achetons annuellement pour environ 200
millions de marchandises de la Belgique, qui se
trouve représentée en France par trente-trois consuls, dont deux à Paris. Nous tirons des États-Unis
(depuis la guerre) pour à peu près 225 millions de
produits par an, et cette nation entretient parmi nous

[10] Oppenheim, *Manuel pratique des consulats,* ch. Ier, § 2 et 5.

trente-six consuls, dont deux dans le département de la Seine. Nous avons reçu l'année dernière pour 300 millions de marchandises anglaises, alors que l'Angleterre a institué successivement cinquante consulats dans l'empire, dont un seul dans la capitale.

L'examen comparatif de ces chiffres d'importation attribue une moyenne de **6** millions d'affaires à l'importance commerciale de chacun des consuls belge, américain et anglais accrédités en France, tandis que les consuls allemands — au nombre de cent cinquante-cinq dont quinze à Paris [11] — ne

[11] Les 155 consulats allemands établis en France se répartissent comme suit :

1. Empire d'Autriche.	26	dont	1	à Paris.
2. Royaume de Prusse	32	—	1	—
3. Royaume de Bavière.	7	—	1	—
4. Royaume de Saxe	4	—	1	—
5. Royaume de Hanovre.	16	—	0	—
6. Royaume de Wurtemberg.	3	—	1	—
7. Grand-Duché de Bade	5	—	0	—
11. Les quatre Duchés de Saxe.	6	—	1	—
12. Grand-Duché de Hesse.	5	—	1	—
13. Électorat de Hesse.	1	—	1	—
14. Grand-Duché de Mecklembourg.	10	—	1	—
15. Duché de Nassau.	1	—	1	—
16. Villes libres et anséatiques.	25	—	1	—
17. Duché d'Oldenbourg	10	—	1	—
18. Duché de Brunswick.	2	—	1	—
19. Comté d'Anhalt.	1	—	1	—
20. Principauté de Lippe.	1	—	1	—

Total. 155 consulats 15 à Paris.

représentent chacun que 2 millions et demi, dans les 390 millions de marchandises importées l'an dernier des États de la confédération. Et encore, est-ce là une proportion générale. Si on voulait défalquer de ces 390 millions la part afférente à l'industrie parisienne, en attribuant aux achats de Paris 90 millions et 300 à la province, on arriverait bien au minimum des 6 millions pour chaque consul allemand exerçant dans la capitale ; mais on réduirait par ce calcul, à un peu plus de 2 millions seulement, l'importance commerciale de chacun de vos 140 consuls établis à l'intérieur.

Veut-on connaître maintenant l'étendue des intérêts protégés par des consuls français ? La voici calculée sur nos exportations, c'est-à-dire sur nos ventes annuelles (Amérique depuis la guerre) aux quatre nations précitées :

États-Unis, 33 consuls français pour 265 millions, donc 8 millons par consul
Angleterre, 68 — — 675 — 10 —
Allemagne, 25 — — 400 — 16 —
Belgique, 9 — — 200 — 22 —

Ces chiffres ont leur éloquence et peuvent se passer de commentaire. Mais, en présence de ces données, il est permis de demander si l'importance actuelle des échanges entre la France et l'Allemagne, si le développement futur des intérêts allemands par la France, auraient à gagner ou à perdre à une réforme consulaire, à la création d'une Factorerie germanique?

Aux intéressés seuls appartient la réponse ou la solution. Je ne puis, en attendant, m'empêcher de conclure, moi aussi, quoique dans un autre ordre d'idées.

VII.

Les Souverains, dignes de ce nom, servent les peuples, partant l'humanité, de bien des façons.

Il ne suffit pas, pour le faire, d'être animé de ce désir et d'en avoir les moyens. Il faut encore qu'on possède le génie de la pénétration allié à une énergie sereine ; car rien n'est scabreux comme le jugement des contemporains.

N'est pas grand homme qui veut. On ne l'est même jamais sans ratification de la postérité. Et encore, y a-t-il des nuances. Il me semble qu'on peut être grand par moments, grand à la faveur des circonstances, qu'on peut être grand par le cœur, grand par l'esprit. Peut-on être grand aussi par prédestination ?... Je n'ose, moi humble négociant, m'arrêter à ce mystérieux problème ; et, depuis le 20 mars 1862, moins que jamais.

Nous appelons le roi Louis XIV Louis le Grand. Nous ne pouvons cependant en vouloir aux protestants de ne pas ratifier ce titre.

Permis aux politiques impatients de trouver l'auguste architecte un peu lent dans *le couronnement de son édifice;* permis aux critiques de certaine préface de trouver un parfum par trop oriental à la théorie des conducteurs de peuples ; permis enfin aux libéraux absolus de ne pas admettre de distinction entre un pays de liberté et un pays libre.

Mais on ne saurait de bonne foi contester ce fait que sous bien des rapports, au point de vue de l'étranger surtout, il suffit qu'un pays soit libre et bien policé pour y rencontrer sûreté et protection, hospitalité et justice, stabilité et confiance, c'est-à-dire les garanties à l'ombre desquelles se fondent et prospèrent les grandes entreprises.

D'ailleurs, tout est relatif en ce monde. Il en est des libertés publiques comme des grandeurs humaines. La liberté la plus féconde et la plus solidement communicative est sans contredit celle des échanges entre nations.

Le jour où le Chef de l'État aura exonéré tout individu visitant la France de la sujétion douanière concernant les effets des voyageurs — formalité aussi peu généreuse que peu utile pour un pays dont la balance commerciale se chiffre par milliards ! — le

jour où l'Empereur aura décrété l'abolition des droits
d'entrée qui grèvent encore — chargé injuste et
inexplicable chez une nation éclairée — la plupart
des objets mobiliers de ceux qui nous apportent leurs
industries ou leurs talents, leurs intelligences ou
leurs établissements : ce jour-là l'idée napoléonienne
en fait d'échanges aura atteint son apogée.

Alors, aux applaudissements du monde civilisé,
on dira du Souverain de la France ces paroles pro-
noncées naguère par un éminent publiciste :

« *Il lui a semblé qu'il devait inscrire au frontispice*
« *de son œuvre la date lumineuse de 89, qui rayonne sur*
« *l'histoire contemporaine des peuples visités par la liberté.* »

Paris, 27 mars 1865.

TABLE ANALYTIQUE

INTRODUCTION.

ÉTUDES ET PROJETS.

INTÉRÊTS SPÉCIAUX.

CONCLUSION.